Impressum

Ralphs Regenbogen-Wolkenträume
Gedichte

Texte: © Copyright by Ralph Rahier
Umschlaggestaltung, Layout und Satz: Markus Feuerstack
Fotos: © Copyright by Reiner Worm

Herstellung und Verlag:
BoD – Books on Demand,
Norderstedt

ISBN: 9783758373305

Ralphs Regenbogen-Wolkenträume

Gedichte
von Ralph Rahier

Inhalt

Vorwort

Der pensionierte Kunsterzieher, Puppenspieler und Poet Ralph Rahier leitet seit 2012 das Theaterfiguren-Museum Phantasie an Fäden, in welchem auf der Carlshöhe in Eckern-förde etwa 1.300 Theaterpuppen präsentiert werden.

Die internationale Privatsammlung seines dafür ehren-amtlich tätigen Familien-Teams umfasst zur Zeit mehr als 2.500 Objekte. Ergänzt wird die Sammlung durch über 1.000 Fachbücher, -Zeitschriften, Bilder, Filme und Tonträger.

Etliche der Objekte sind Thema der Gedichte oder waren Inspiration für sie.

Die in diesem Band vorgestellten Gedichte des Allround-künstlers sollen zum Lachen, Staunen, Träumen oder Nachdenken anregen.

Erklärtes Ziel des Künstlers ist es, Bilder oder kleines Kino in den Köpfen der Leseratten zu erzeugen.

Sein Credo:

Liebe, Poesie, Puppenspiel und Humor sind unverzichtbare Nahrung für die Seelen der Menschen!

Kuriositäten

Fakir

Ein Fakir braucht 'nen harten Hintern,
sonst kann er nicht auf Nägeln sitzen.
Will er im Kühlschrank überwintern
oder durch heiße Kohlen flitzen,
braucht er viel Meditation,
sonst geht das nicht, ich ahn' es schon.
Er kann auch über'm Boden schweben.
So magisch wie ein Fakir sein
das möcht' ich auch einmal erleben.
Doch dieses geht, das seh' ich ein,
mit Training nur tagein - tagaus.
Sonst nie Magie! Nur aus die Maus!
Ein Schwert verschlucken bis zum Magen?
Was hätte ich davon denn nur?
'Nen Nagel durch die Zunge jagen?
Wär' das 'ne kleine Fakir-Kur?
Ich glaub', ich lass das alles sein.
Ich will nur noch, was Ruhe schafft,
lege mich hin und schlafe ein,
denn in der Ruhe liegt die Kraft!

Verrückte Welt

Es schellt der Hahn zur Morgenstund´,
ne Weile später kräht mein Hund.
Der Wecker bellt. Es ist halb sieben.
Ich wär' noch gern im Bett geblieben!

Die Kuh ruft: „Määäh!", das Schaf jault: „Muuuh!".
Ich spring' verdutzt in meine Schuh'.
Da schreit schon laut die kleine Wendy,
ach, nein, es ist ja nur mein Handy.

Was soll das? Seid ihr alle irre?
Dieser Radau macht mich ganz kirre!
Schnell schalt' ich meinen Laptop an,
damit ich Neues lesen kann.

Ne Email sagt: „Die Schule brennt!"
Hätt' ich´s gewusst, hätt' ich verpennt!

Gangarten

Menschen gehen, rennen, hetzen,
bevor sie sich auf ´n Hintern setzen,
um sich ein wenig auszuruhen
in ihren abgewetzten Schuhen.

So geht´s seit endlos vielen Tagen,
seit Homo Erectus, möcht' ich sagen.
Nicht wie bei Affen und Primaten,
die es schon immer anders taten.

Das kleine Baby kriecht und krabbelt,
wobei es heiter sabbernd brabbelt.
Das Kleinkind fröhlich hüpft und springt
und häufig glücklich dazu singt.

Bei großen Menschen klappt das Laufen,
davor ist es zum Haare raufen:
Sehr viele straucheln, hinken, stolpern
und manchmal sogar humpelnd holpern.

Manche schlurfen, manche rasen,
Das gibt in engen Schuhen Blasen.
Es hilft kein Stampfen und kein Trampeln,
da kann man nur noch trippelnd hampeln.

Im Winter lässt's sich fröhlich schlindern,
auch Große lassen sich nicht hindern,
im Wettkampf über's Eis zu gleiten,
beim Sieg auf's Treppchen dann zu schreiten.

Artisten können Hände nutzen,
es bringt den Zuschauer zum Stutzen,
wenn sie damit auf Sockeln stehen
und langsam durch die Gegend gehen

Im Alter geht es vielen gleich,
ob groß, ob klein, ob arm, ob reich:
Menschen geh'n häufig dann an Stöcken,
Sowohl in Hosen als auch Röcken.

Laufen ist oft für sie beschwerlich,
doch Hilfe naht, ich sag' es ehrlich:
Rollator ist ein echtes Schätzchen.
Er bietet Halt und Ruheplätzchen!

Er hilft dir, noch allein zu gehen
und ruhig aufrecht still zu stehen.
Und wenn ich dann noch Spaß dran hab,
roll ich damit ins Urnengrab!

Liebesglück

Abschiedskuss

17

Falls du an die Zukunft glaubst,
und du Hoffnung dir erlaubst,
ist der Abschied nicht für immer,
und die Trennung wird nicht schlimmer!
Schnell vergeht Gefühl von Schmerzen,
wenn ich bleib in deinem Herzen.

Gib mir nun den Abschiedskuss,
weil ich von dir scheiden muss.
Deine Lippen will ich spüren,
meine sollen sie berühren.
Dann bleibst du in meinem Sinn,
bis ich wieder bei dir bin.

Wie im Flug vergeht die Zeit.
Halt dich jetzt schon mal bereit!
Heute geb' ich mein Versprechen,
Morgen werde ich's nicht brechen:
Bald komm' ich zu dir zurück,
denn du bist mein ganzes Glück!

Dann erhältst du hier am Bus
sofort einen neuen Kuss,
der wieder genau so toll
wie beim Abschied werden soll.
Danach hol' ich schrecklich gerne
vom Himmel deine Lieblingssterne!

Innige Liebe

Ihre Beine, ihr Verlangen,
halten zärtlich mich umfangen,
Bis zum Morgen, liebevoll,
an dem leider die Versuchung
voller Sehnsucht enden soll.

Weil ich immer wieder fort muss,
bleibt das Delta meiner Venus
ganz allein mit ihr zurück.
Doch im Herzen spür' ich innig
unser tiefes Liebesglück.

Dann, am Abend, nach neun Stunden,
wohl nach tausenden Sekunden,
zieht ihr Kleid aus Sonnenschein
mit dem süßen Duft der Haut
mich in ihre Aura ein.

Dort erliege ich dem Charme
ihrer schlanken weichen Arme,
die mich zärtlich an sich ziehen.
Meine tief verliebte Seele
will ihr niemals mehr entfliehen.

19

Licht ist Liebe

Liebe kann man nicht befehlen,
denn sie kommt von ganz allein,
wenn zwei herzverwandte Seelen
wollen beieinander sein.

Liebe schenkt Dir sehr viel Kraft
für den langen Weg durchs Leben.
Was der Hass gar niemals schafft,
kann Dir nur die Liebe geben.

Sie muss Dich im Inner'n rühren.
Liebe kommt nicht mit Gewalt.
Freien Willen muss sie spüren,
sonst wird sie bestimmt nicht alt.

Liebe ist ein fester Kranz,
der Euch aneinander bindet.
Doch sie fordert Toleranz,
dass Ihr zwanglos sie empfindet.

Den, wen Du am meisten liebst,
musst Du gehen lassen können.
Wenn Du Deine Freiheit liebst,
musst Du sie auch ander'n gönnen.

Bedingungen stellt Liebe nicht.
Sie ist einfach lautlos da.
Fühlst Du warm ihr sanftes Licht,
ist sie Dir gewiss ganz nah!

Immer wenn ich an dich denke,
denkst du sicher auch an mich.
Wenn ich Zärtlichkeit dir schenke,
heißt das stets: Ich liebe dich.

Hab' versucht, dich zu vergessen:
Aus den Augen, aus dem Sinn?
Konnte leider nicht ermessen,
wie verliebt ich trotzdem bin.

Möcht' dich riechen, schmecken, fühlen,
auch wenn du nicht bei mir bist,
Mich verlieren in Gefühlen,
deren Ursprung in dir ist.

Liebe kannst du nicht erkaufen,
Liebe ist ganz einfach da.
Es nutzt gar nichts, wegzulaufen,
meine Seele bleibt dir nah.

Ohne Sehnsucht und Verlangen
möchte ich kein Partner sein.
Nur in Pflichten eingefangen,
Fühlt sich jeder doch allein.

Hab' versucht, mich zu verlieben
in ein anderes Gesicht.
Doch weil stets nur dich ich sehe,
klappt die Täuschung leider nicht.

Liebe- Wahrheit oder Pflicht?

Unsre flüchtige Begegnung -
sollte sie nur Zufall sein?
Oder wollte uns das sagen:
Lasst euch nicht zu lang allein!?

Liebe kann man nicht erzwingen,
wenn sie nicht im Herzen wohnt.
Anziehung kann nicht gelingen,
wenn sie nur auf Wolken thront.

Darum wünsch' ich mir ein Zeichen,
das mir klar und deutlich sagt:
Bald darfst du mein Herz erweichen,
zärtlich, sanft und unverzagt.

Sag' mir ehrlich nun und offen,
wohin soll die Reise führ'n?
Darf ich noch auf Liebe hoffen,
ganz nah deine Seele spür'n?

Du entscheidest, ganz egal,
hassen werde ich dich nicht -
du hast deine freie Wahl.
Sei du selbst, belüg' mich nicht!

Wenn ich wieder an dich denke,
denkst du auch sogleich an mich?
Wenn den Weg ich zu dir lenke,
Sagst du dann: Ich liebe dich?

Rendezvous

Ist sie halb leer oder halb voll?
Otto ist's gleich. Er findet's toll!
Es leuchtet rot im Kerzenlicht:
Wein aus Bordeaux - wer kennt ihn nicht?

Zwei Gläser stehen schon bereit.
Stets nimmt er gerne sich die Zeit,
mit ihr ein Gläschen zu verkosten,
denn ihre Liebe soll nicht rosten,
während er lange zärtlich flirte
mit seiner heißgeliebten Dörte.

Schnell ist die erste Flasche leer.
Ihm werden schon die Glieder schwer.
Er wollte Dörte doch betören,
ihr seine ewge Treue schwören!

Nicht, dass sie denkt, es ist 'ne Masche,
im Keller hat er noch 'ne Flasche.
Die holt er rauf mit schwerem Schritt.
Warum ist Dörte noch so fit?

Neben ihr schwankt - er glaubt es kaum -
mit Wein getränkt der Gummibaum.
Das Weib hat listig ihn betrogen
und ihm verschmitzt was vorgelogen:

„Ich kann 'ne Menge Wein vertragen.
Er schlägt mir gar nicht auf den Magen.
Ich habe den Bordeaux genossen."
Dabei hat sie den Baum begossen.

Bevor sie geht, bringt sie - sehr nett -
den Otto in sein Himmelbett.
Dort gibt sie ihm zum Trost - welch Glückchen -
zum Abschied noch ein kleines Schlückchen.

Nachdenken

Kinderrechte

Ein langer Weg beginnt mit einem Schritt.
Seid klug und nehmt noch and're mit,
damit ihr nicht alleine wandelt
und alle nur noch einsam handelt.

Beratet euch ganz ungeniert
bei allem, was euch so passiert,
zu Dritt, zu Viert oder zu Zwei'n,
dann wird der Weg erfolgreich sein.

Mit Herz, Verstand und etwas Glück
findet vom Ziel aus ihr zurück.
Bei Sonne, Gegenwind und Regen,
auf vielen neuen Wanderwegen

Schafft ihr es mit vereinter Kraft,
weil die Gemeinschaft Stärke schafft.
Auf ihrem langen Weg durchs Leben
sollten die Menschen danach streben,

die Schwachen stets besorgt zu stützen
und Kinderrechte zu beschützen!!

Kinder! -
Am Puls
der Zeit!

Ich habe drüber nachgedacht,
viele Gedanken mir gemacht,
über das Sein, über das Leben -
so über dies und jenes eben.

Wieso? Weshalb? Woher? Wohin?
Macht, dass ich lebe, einen Sinn?
Na klar! Bestimmt! Warum auch nicht?
Sonst gäbe es mich sicher nicht!

Dann könnt' ich keine Verse schreiben,
am Puls der Zeit stets lustig bleiben,
damit ein Narr den Spiegel hält
für die total verrückte Welt
voll langer spitzer Lügen-Nasen!
Glaubt ihr noch an den Osterhasen?

Die Industrie verspricht nur Gutes
und ist dabei sehr frohen Mutes,
wenn Geld in ihre Kassen fällt,
weil Politik für sie laut bellt.

Merkt auf! Geschäfte laufen höllisch gut.
Das macht den Multis Übermut.
Sehr bald, nach ein paar Wochen schon,
lauert die nächste Mutation!

27

Vertreibt die Angst aus euren Herzen,
gebt jedem Kind, was wichtig ist.
Mangel an Liebe bereitet Schmerzen,
und eure Nähe wird vermisst.
Legt ab die Masken. Versteckt euch nicht!

Zeigt viel Gefühl und auch Gesicht!
Verbergt nicht euer wahres Wesen,
ein Pokerface kann kein Kind lesen!
Sicherheit und Urvertrauen
könnt ihr nicht aus Masken bauen!

Egal ob traurig oder heiter,
in euren Kindern lebt ihr weiter.
Stärkt ihr gesundes Bauchgefühl
und ihren freien, festen Willen!
Vertraut nicht blind dem weißen Kittel,
als hätte für alles er ein Mittel,
´ne Spritze oder bunte Pillen.

Hegt Zweifel, bleibt euch selber treu
und habt vor keiner Frage Scheu!
Gibt es vielleicht Inkarnation?
Es wäre doch der glatte Hohn,
kämen wir einst als Würmchen wieder,
Imbiss für Vögel mit Gefieder,
oder als Virus-Mutation.

Wen ICH befiele, wüsst' ich schon!

Reine Seelen

Sie schweben auf zarten Flügelschwingen,
die sie sanft durch das Universum bringen.

Polarlichtern gleich, leuchten sie zauberhaft.
Dann spüren wir fast ihre magische Kraft.

Sie tanzen entspannt zu sphärischen Klängen
und lauschen verzückt leisen Elfengesängen.

Durch rauschendes Wasser, auch durch stürmische Lüfte,
überwinden sie angstfrei die gefährlichsten Klüfte.

Sie durchdringen Holz, Sand, Urgestein und Metall.
Sie sind eins mit sich selbst und dem Welten-All.

Sie begegnen sich stets in harmonischer Liebe
und verbinden sich treu in dem Welten-Getriebe.

Sie gleiten geschwind durch schier endlose Weiten
und reisen entspannt durch die Ewigkeiten.

Unsere Kinder - reine Seelen!

Universium

Der Mensch reist gern in weite Fernen
und greift sogar nach fremden Sternen.
Er kann den eigenen Planeten
nur noch in eine Tonne treten.

Indem er ihn vernichtet hat,
macht er sich doch selber platt!
Dann schwebt ein Raumschiff wohl durchs All,
bis es verglüht in freiem Fall
auf einen fernen Stern-Planeten,
falls dort versagen Schub-Raketen,
die es noch weiter bringen sollten,
wohin es Menschen haben wollten.

Die Raumfahrt kann sie auch nicht retten.
Darauf würd' ich 'ne Menge wetten.
Vielleicht hat Mensch nicht recht bedacht,
dass es gar niemand Freude macht,
wenn grenzenloser Wagemut
am Ende nur noch schaden tut.

Des Menschen Gier und Größenwahn
kein Universum brauchen kann.
Erreicht vielleicht ein Mensch-Genie
je eine fremde Galaxie?
Wohl möglich gar verschwindet noch
der Mensch in einem Schwarzen Loch?
Es tröstet mich, dass Schöpfers Kraft
stets neue Galaxien schafft.

Drum pflanze ich in meinen Träumen
'nen Wald ganz voll mit Apfelbäumen.
Die nehm' ich mit - ich bin nicht dumm -
ins nächste Universium!

Natur

33

Regenbogen

Neulich sah ich lichtdurchflutet
Regen prasseln auf das Land,
als ich plötzlich unvermutet
Farben in den Wolken fand.
Es war echt, ganz ungelogen,
ein kompletter Regenbogen.
Der, wie man inzwischen weiß,
ist in Wirklichkeit ein Kreis.
Klar und leuchtend stets erstrahlt
jeder Farbton, wie gemalt.
Von Meisterhand im Wolken-Grau
perfekt gebogen und genau.
Nachts träumte ich vom Topf voll Gold,
den ich mir schnellstens holen wollt'
an meines Regenbogens Ende,
doch viel zu schnell begann die Wende:
Als Wolken Sonnenlicht bedeckten,
die bunten Farben sich versteckten -
denn ohne strahlend helles Licht
siehst du den Regenbogen nicht!

Ei, was war es für ein Spaß,
wenn wir tollten durch das Gras!
In dem Wonnemonat Mai
war stets Löwenzahn dabei,

der mit seiner Blütenpracht
Pusteblumen für uns macht.
Ei, wie tanzten sie im Wind,
die ich sie liebte schon als Kind!

Diese Schirmchen, winzig klein,
sausten in die Luft hinein,
wenn wir kräftig pusteten
und vor Lachen prusteten,

bis ein Windstoß fort sie trug,
und in unbestimmtem Flug
weit über das Land verteilte,
wo ein jeder sich beeilte,

Sich hinab ins Gras zu bücken,
weit're Kugeln abzupflücken.
Weil der Wind sie weit zerstreute,
jeder glücklich sich schon freute,

dass im nächsten Frühling dann
wuchs noch viel mehr Löwenzahn,
der uns brachte Freude pur
durch den Zauber der Natur!

Löwenzahn

Winter

Aus dem hohen weiten Himmel
schwebet sie ganz sanft heran.
In unendlichem Gewimmel
kommt sie auf der Erde an.

Ihr lautloser Tanz im Winde
mit Millionen and'ren Flocken
will verführen jedes Kinde
und es aus dem Hause locken.

Jede will die Erste sein,
die die Erde sanft berührt.
Doch wer will der Richter sein,
wem die Ehre hier gebührt?

Dicht an dicht decken sie leise
alles, was ich sehe, zu.
Sorgen so auf ihre Weise
für ein wenig Winter-Ruh.

Alle Dinge sind Figuren,
abgerundet durch den Schnee.
Meine Füße treten Spuren
und ich denk', es tut ihm weh.

Eine allerletzte Flocke
landet auf der Nasenspitze.
Als ich singend dann frohlocke,
schmilzt sie durch des Blutes Hitze.

Unsre Sonne sendet Strahlen,
um zu stören diese Pracht.
Niemand kann Weiß besser malen
als es unser Winter macht!

Wolkenträume

Auf dem Badelaken lieg' ich
gut gelaunt und faul am Strand.
Warme Sonnenstrahlen haben
stundenlang erhitzt den Sand.

Weiße Wolkenbilder ziehen
übers blaue Himmelszelt,
frisch gemalt von sanften Winden,
so als hätt' ich sie bestellt.

Schäfchen, Schlossturm, Osterhase
sehe ich mit Phantasie.
Zirkusclown mit dicker Nase
lässt mich lächeln wie noch nie.

Da, ein Hund! Dort, eine Katze
und ein Drache mit 'ner Fratze.
Zügig schweben sie vorbei,
ziehen schnell weiter, eins-zwei-drei,

sammeln sich am Horizont,
formen dort ein Schloss gekonnt.
Darin würd' ich gerne wohnen,
hoch über der Erde thronen!

Plötzlich stürmen dunkle Wolken
aus der Ferne schnell heran,
bis ich meine weißen Bilder
gar nicht mehr gut sehen kann,

denn es türmen Wassermassen
sich zu hohen Bergen auf.
Nun muss ich mich wegbewegen.
Gleich gehen die Schleusen auf.

Alle Bildmotive regnen
übers weite Meer und Land.
Neuen werde ich begegnen
schon sehr bald am Badestrand,

Wenn ich wieder faul dort liege,
Langeweile hab ich nie,
weil ich in Gedanken fliege
in das Reich der Phantasie.

Ralphs Tierleben

39

Die Schnecke

Was schleicht da lautlos um die Ecke?
Sieh an, es ist ´ne kleine Schnecke.
Sie leuchtet bunt im Sonnenlicht,
sonst säh' man sie wahrscheinlich nicht.
Das macht ihr Häuschen auf dem Rücken,
das ich entdeckte mit Entzücken.
Und denk' dir nur, es wiegt nicht viel -
die Schneck' erfand das Wohnmobil!

Die Spinne und die Motte

Benetzt von feuchtem Morgentau
betrachte ich es ganz genau -
das wunderschöne Netz der Spinne.

Perfekt gesponnen über Nacht
Ward es für kurze Zeit gemacht
und funkelt nun im Licht der Sonne.

Als wahres Wunder der Natur
dient es dem einen Zwecke nur:
Der Spinne Nahrung einzufangen.

So mancher muntre Flatter-Falter
erreicht im Spinnennetz kein Alter.
Sie fängt auch Fliegen, Mücken und Libellen.

Die Spinne wickelt alle ein.
Mit Haut und Haar, Flügel und Bein
ist bald ´ne kleine Motte dran.

Die Mahlzeit eines Spinnenlebens
strampelt wie wild. Ist es vergebens?
Oh weh, die Spannung steigt nun zügig an!

Weil Klebefäden sie umfangen,
muss Mottchen um sein Leben bangen.
Schon kommt die Spinne angerannt!

Da fällt auf die ein Hagelkorn.
Das macht sie wütend, blind vor Zorn!
Die Motte beißt. Das Netz zerreißt.

Da hatte sie ja nochmal Glück!
Das nächste Opfer wird ´ne Mück´!
Oder vielleicht ´ne kleine Zecke?

Natur sorgt stets für Gleichgewicht!
Doch das verstehen Menschen nicht.

Elefanten

Ein starker Steppen-Elefant
reiste einmal ins Dschungel-Land.
Dort suchte er sich flux, im Nu,
eine schöne Elefanten-Kuh.

Er reichte ihr galant die Hand -
den Rüssel, um genau zu sein.
Sie brachte ihn um den Verstand
und lud ihn sanft zum Schmusen ein,

damit sie seine Erst-Kuh werde
in seiner Elefantenherde,
mit vielen Baby-Elefanten
und stolzen Elefanten-Tanten.

Die tanzten außer Rand und Band
im brennend heißen Afro-Sand
ein rhythmisch wildes Stoßzahn-Tänzchen
mit schnell wedelndem Pinsel-Schwänzchen.

Dann zogen sie zum Wasserloch.
Dort saufen sie bis heute noch!

43

Entenglück

Zu trist fand Donald sein Gefieder,
d´rum kaufte er ein Glitzer-Mieder.
Mit langen gelben Glitzersocken
konnt' er ein schönes Weibchen locken.

Sie schenkte ihm zwei Erpel-Kinder.
Die beiden glitzerten nicht minder
als ihr stolzer Erpel-Vater!
Er schützte sie vorm schwarzen Kater!

Er lehrte Schwimmen sie und Fliegen,
ließ ihre Ängste sie besiegen.
Er schenkte ihnen bunte Flügel
und führte sie auf höchste Hügel.

Im Zauber wilder Phantasie
empfanden Glück sie, wie noch nie.
Vor allem fanden sie dort eins:
Die neue Leichtigkeit des Seins!

Schmetterling

Was fliegt dort rastlos hin und her,
tanzt übers bunte Blumenmeer?
Das muss ein Schmetterling wohl sein,
der emsig sammelt Nahrung ein.

Zu jeder Blüte fliegt er mal,
taucht ein ins süße Nektartal,
Macht Rast dort nur sekundenlang,
dass keiner diese Schönheit fang'!

Er ist von elfenhafter Art,
weil seine Flügel sind hauchzart.
Doch seine Kraft scheint grenzenlos,
wo tankt er diese denn nur bloß?

Ist es der Sonne Energie,
die diese Stärke ihm verlieh?
Zumindest lässt ihr Licht ihn strahlen.
Kein Maler könnte schöner malen.

In seiner bunten Farbenpracht
hat ihn ein Wunder wohl vollbracht.
Fang ihn nicht ein! Sei nicht so dumm!
Bestaun' ihn nur, friedlich und stumm.

Frage dein Herz und liebe ihn.
Lass fröhlich ihn dann weiter zieh'n,
von Strauch zu Strauch, von Blatt zu Blatt.
So macht er sich und andre satt.

Spielkultur

Verspielte Zeiten

Manchmal, wie in Kindertagen,
möcht' ich bunte Kugeln jagen,
denn der Traum von „Pustefix"
ist umsonst, er kostet nix.

Puste bunte Seifenblasen,
die dann durch die Lüfte rasen,
glänzen schillernd in der Sonne,
schweben rum, es ist ´ne Wonne.
Bieten die perfekte Schau.
Riesenspaß für Klein und Groß,
Alle finden es famos!

Tanzend, im Perlmutt-Gewand,
fliegen frei sie übers Land.
Doch ihr Zauber währt nicht lang.
Schau, mir wird schon Angst und bang!

Sie zerplatzen, aus der Traum,
Im Geäst am Apfelbaum!

Ehrenamt

Der Wecker schellt. Es ist halb sieben.
Wär' gerne ich im Bett geblieben?

Oh nein! Mein Ehrenamt ist wunderbar!
Vorhin im Schlafe träumt' ich zwar
von Feenstaub und Zauberbäumen,
von Elfentanz und Drachenschwanz,
Prinzessin mit ´nem Blütenkranz
in ihrem langen blonden Haar,
wie einst es bei Rapunzel war.

Doch nun will ich ganz flink mich sputen!
Ich hab' nur noch ein paar Minuten.
Schnell waschen, Frühstück, Zähne putzen
und auch den Bart ein wenig stutzen.
Dann schaff' ich noch den Autobus,
der mich zur Stadt schnell bringen muss!

Dort wartet nämlich – ei der Daus! -
mein Ehrenamt im Künstlerhaus,
in dem ich weiter träumen werde,
wie nirgend sonst wo auf der Erde,
mit meinem bunten Clown, der lacht
und bunte Seifenblasen macht.

Dort gibt´s noch viele and're Wesen.
Hast Du schon mal davon gelesen?
Figuren-Welt für Jung und Alt,
in grenzenloser Vielgestalt!

Kasper, Seppel, Hex' mit Runzeln
bringen Groß und Klein zum Schmunzeln.
Puppen - auch aus alten Zeiten -,
die auf den Bühnen Spaß bereiten.

49

Kobold, Drache, Federvieh,
aus der Welt der Phantasie,
laden ein, sie zu betrachten.
Puppenbauer, die sie machten,
steckten sehr viel Liebe rein,
denn das Spiel soll prächtig sein!

Handwerk und auch Sachverstand
braucht man im Figuren-Land!
Tanz, Musik und Malerei,
jede Kunstform ist dabei!

Jede Disziplin der Kunst
hat des Puppenbauers Gunst.
Styropor und Holz und Kleister,
Übung macht den wahren Meister!

Faden, Stab oder ein Finger
machen lebendig alle Dinger.
Falls kunstvoll mit Gefühl geführt,
Figur und Spielern Lob gebührt!

Ein Wolle-Wusel! Komm' und sieh!
Tauch' ein ins Reich der Phantasie!
Krokodil und Schreckgespenster
starren durchs Vitrinen-Fenster!

Vogeleltern mit den Kindern -
niemand wird sie daran hindern,
lautlos durch die Luft zu schweben,
zur Musik im Tanz zu leben!

So komm' herbei und schau und staune!
Figurenspiel macht gute Laune,
berührt, bewegt, bringt dich zum träumen,
in kleinen und in großen Räumen.

Ich führe das Museum weiter,
denn dieses Ehrenamt macht heiter!
Wenn du's noch nie gesehen hast,
dann hast du große Kunst verpasst!

Kinderwagen

Willst du nicht dein Baby tragen,
besorge dir ´nen Kinderwagen!
Ist dein Auto ziemlich klein,
darf es auch ein Buggy sein.
Doch mein Schlachtschiff, gib es zu,
ist der allergrößte Clou!

Mein Freund Eckhard baute ihn,
schau mal ganz genau jetzt hin:

Gut gefedert, ist doch klar,
rollt der Wagen wunderbar.
Läuft er zügig wie auf Schienen,
machen Babys gute Mienen!
Große Reifen, fest, aus Gummi,
lassen hüpfen ihn wie Flummi,
über Stock und über Stein.
So muss Straßenlage sein!

Wohl fühlt sich die kleine Brut,
die vor Freude jauchzen tut,
wenn du drückst auf´s Nebelhorn,
falls mal Nebel kommt von vorn.

Sturmverdeck mit Fensterscheiben
soll im Sommer unten bleiben,
Doch haut Sturm dich von den Socken,
hält es gut dein Baby trocken!

Rassel, Trinkfläschchen und Klingel
machen Spaß dem kleinen Schlingel
oder auch der Schlingeliene.
Hat er eine Mühlen-Biene,
Dreht die sich geschwind im Wind,
was erfreut das kleine Kind.

Schnuller, Windelvorrat, ach,
alles passt ins Vorratsfach.
Nur Streusand für 'ne Glatteis-Strecke
hat unter'm Wagen seine Ecke,
Ganz nah' bei meiner Einkaufskiste.
Ohne geh'n wir nie auf Piste.

Bäuchlein-Öl und Sabber-Deckchen
finden anders wo ein Eckchen.
Schwester, Bruder, finden fett
Platz auf einem Zusatzbrett.
An der Achse eingeklinkt,
es Geschwistern Freude bringt.

Für Babys Lebenssicherheit
sind Feststellbremsen stets bereit.
Die sollen auch auf Schrägen halten,
wo starke Abwärtskräfte walten.

So gehen gerne wir spazieren,
zu Zweit, zu Dritt oder zu Vieren!

Strandleben

53

Strandpromenade

Die Schultern frei, der Nabel auch,
mein Blick streift schüchtern ihren Bauch.
Bezaubernd tief das Dekolletee,
das sonnig braun ich blitzen seh'.
Ganz bar entzücken schlanke Füße,
deren Erscheinung ich begrüße,
wie sie entblößt den Körper tragen,
an heißen Sommersonnentagen.
Gazellen gleich geht sie vorbei.
Ein Schlitz im Rock gibt lockend frei
ihr Bein vom Knie bis rauf zur Hüfte.
Ein Windhauch bringt mir Kaffeedüfte
vom Eis-Café, gleich nebenan.
Wo ist die Frau? Sie törnt mich an!
Da läuft sie mit den roten Haaren,
durch die nun schlanke Finger fahren.

Sehr selbstbewusst trägt sie zur Schau
den wunderschönen Körperbau.
Ich schau ihr nach und schleck' mein Eis.
Ihr Blick zurück sagt mir, sie weiß,
ich habe ihren Gang genossen -
genau wie ihre Sommersprossen,
die sie mir stolz entgegenstreckte
als keck den Hals sie nach mir reckte,
bevor sie dort im Sand verschwand
am langen Promenaden-Strand.
Sie war ein kleines Sommerglück!
Jetzt ist sie weg, das freche Stück!

FKK I

Sie war mal baden, FKK.
Das fand ein Dieb ganz wunderbar.
Er war ein Dessous-Fetischist,
der ganz vernarrt in Höschen ist.
Er mopste ihre Unterwäsche.
Wenn sie ihn noch mal trifft, gibt's Dresche!

FKK II

Bei mittelhoher Mittagshitze
trug sie kein Höschen, das war Spitze!
Doch war der Strand so voller Sand,
dass er bald drang in jede Ritze
und schmirgelte wie Schleifpapier.
Das machte wund, das sag ich dir.
Tja, die Moral von der Geschicht´?
Geh niemals ohne Höschen, nicht?!

In der Sauna

Wenn ich in der Sauna sitze
und aus allen Poren schwitze,
rinnen tausend kleine Perlen
duftend über Bauch und Po,
bis sie auf mein Laken tropfen.
Das ist in der Sauna so!

Langsam steigt der Druck im Blute
durch die permanente Hitze.
Ich bleib nur noch ne Minute,
bis ich schnell zur Dusche flitze.
Kübel oder Schnee-Kabine?
Wer die Wahl hat, hat die Qual.

Oder doch das große Becken?
Eiskalt sind sie allemal!
Aber nichts kann uns erschrecken.
Kaltes Wasser, ja, das schockt,
doch ein kleines rundes Becken
Mit nem heißen Fußbad lockt.

Salzgrotte und Ruheraum
bringen Schlaf mit Schönheitstraum
auf ′ner kurzen Sternen-Reise.
Die Saline rieselt leise,
während bunte Lichter strahlen,
Schatten an die Wände malen.

Vor dem zweiten Saunagang
fang′ ich schon zu schwitzen an,
wenn ich bloß nur daran denke,
wohin ich die Schritte lenke.
Dichter Nebel hüllt uns ein.
Niemand muss dort schamhaft sein.

57

Dampf verwischt die klaren Spuren,
nebelt ein Figur-Konturen.
Im Dampfbad sind wir alle gleich.
Wasserdampf, schön heiß und weich,
dringt ein in alle kleinen Ritzen,
sogar in Haares Wurzelspitzen.

Entspannt sind Haut nun und Gelenke,
denen ich schnell ′ne Dusche schenke.
Und wieder folgt der Kälteschock.
Auf den hab′ ich sehr wenig Bock,
das Tauchbecken ist eisig kalt,
Darin werd′ ich bestimmt nicht alt!

Auch andre zittern vor sich hin,
doch das macht in der Sauna Sinn,
Denn es soll uns gesund erhalten
der Wechsel von sehr heiß zum Kalten.
So macht uns immer wieder Mut
der Sauna-Meister Hartmut Knut.

Der dritte Saunagang bringt′s richtig,
dabei sind Aufgüsse sehr wichtig,
Bei 90 Grad Kirsch und Zitrone!
Auch Eukalyptus ist nicht ohne!
Der Duft schleicht in die Atemwege,
sogar, wenn ich mich nicht bewege.

Mein Körper ist nun mega-heiß.
Ich sehne mich nach einem Eis!
Wo ist die Tür? Ich muss hier raus,
aus diesem kleinen Sauna-Haus,
ganz flink zur Urwald-Dusche sputen.
Danach spring ich in kalte Fluten.

Warm eingehüllt in eine Decke
leg′ ich mich in ′ne freie Ecke
im angenehmen Ruheraum
und träume einen Schönheitstraum.
Ich denke an die kleine Braune,
sie anzuseh′n macht gute Laune.

Schlank die Figur, grazil ihr Gang,
wird mir die Weile gar nicht lang,
Wenn ich sie vor mir tanzen seh′,
auf Salz, im Dampf und auch im Schnee,
wie′s in der Sauna üblich ist -
auch wenn es nur im Traume ist!

Träume

Giraffen-Ballerina

In einem Traum ritt ich nach China
auf ´ner Giraffen-Ballerina.
Wir schwebten auch im Segelflug,
denn reiten war uns nicht genug.

Der Steppen-Wind trug uns voran.
Bald kamen wir in Peking an.
Dort tanzten wir in fremder Welt,
im sternbedeckten Himmelszelt.

Was Spuren in die Seele schreibt,
für immer im Gedächtnis bleibt.
Mein Traum ist dort fest eingebrannt.
Das wird Erinnerung genannt.

Der Flug über die Welten-Bahnen
ließ uns Unendlichkeit erahnen.
Die Freiheit der Gedanken bleibt,
egal, was irgendwer vorschreibt.

Mit Phantasie kann jeder fliegen
und mutig seine Angst besiegen.
In höchste Sphären aufzusteigen,
macht uns den Himmelsraum zu eigen.
Im freien Fall in Schluchten stürzen
kann unsern Flug echt prickelnd würzen.

Begrenze nie durch harte Schranken
die Phantasie deiner Gedanken.
Dann lebt in dir das Einmaleins
der neuen Leichtigkeit des Seins!

In klarer Nacht zählt der Mond seine Sterne
Am schwarzblauen Himmel, denn das tut er gerne.

Sie glitzern und strahlen, es ist eine Pracht.
Ein einsamer Mann auf den Weg sich macht.

Als Nachtwächter schlurft er durch enge Gassen.
Es ist bereits dunkel auf all unseren Straßen.

„Hört ihr Leut' und lasst euch sagen:
Die Uhr hat eben elf geschlagen.

Löscht die Feuer und das Licht,
dass niemand nicht ein Leids geschicht!"

Zur Ruhe gebettet zähl' langsam ich Schafe,
hab' Träume von Wolken, in friedlichem Schlafe.

Uhu, Igel und Fledermaus
werfen flüchtige Schatten auf Garten und Haus.

Von der Kirche her schlägt die Turmuhr zwölf.
In der Ferne heult schaurig ein Rudel Wölf'.

Da, plötzlich! Ein Knistern, Knacken und hektisches Flattern!
Die Pumpe im Keller sorgt für rumpelndes Rattern.

Dort, ein Lichtschein am Fenster!
Sind das etwa Gespenster?

Nachtfalter-Tanz um ein Lagerfeuer!
Wer hat es entfacht? War's ein Ungeheuer?

Nachtgedanken

Aus Nebelschwaden tauchen sie auf:
Teufel und Hexen, Kobolde zuhauf.

Dämonen und Drachen durchqueren den Raum,
mit garstigem Grinsen. Ich seh' sie im Traum.

Sie schleichen heran: Diebe, Mörder, Gesindel!
In Schweiß gebadet befällt mich ein Schwindel!

Ich wälz' mich nach rechts und dreh' mich zurück.
Was ist das nur für ein Alptraum-Stück?

Nun schweben sie näher und streichen ums Bett,
mit fiesen Grimassen. Das find' ich nicht nett.

Sie klopfen aufs Kissen mit scheppernden Ketten.
Wo ist meine Frau? Die könnte mich retten!

Sie kreischen und quietschen, sie johlen und schrei'n.
ich fall' aus dem Bett und verstauch' mir ein Bein!

Ich öffne die Augen und stöhne vor Schmerzen!
Da sind meine Kinder, nicht ohne zu scherzen:

„Ach Papa! Ach Papa! Was hast du gemacht?
Hast du denn die Nacht auf dem Boden verbracht?"

 Meine Frau steht im Rahmen und lächelt ganz sacht:
„Steh' auf! Machst du Frühstück? Es ist gleich schon acht!"

Ich werd' nicht drum streiten. Es gibt nichts zu zanken.
Es waren ja alles nur Nachtgedanken!

vom Gaumen zum Magen

Kaffee

Ja, ich liebe die Gerüche
in der heimatlichen Küche.
Frisch geröstet liegen Bohnen
in der Dose dort bereit,
und ihr köstliches Aroma
macht sich um den Ofen breit,
auf dem schon das Wasser brodelt,
das ich langsam und bedächtig
Auf das Pulver gießen muss,
bis mein Gaumen fröhlich jodelt
voller Freude auf Genuss.

Schon seit meiner Kindheit mag ich
diesen braunen Türken-Trank,
den ´ne schöne Haremsdame
zu uns brachte. Gott sei Dank!

Auf dem bunten Wochenmarkt,
wo das „Kaffee-Tuck-Tuck" parkt,
bei der hübschesten Barrista
muss es ein Espresso sein,
und beim Lieblings-Italiener
schenkt die zarte Nicoletta
mir ´nen Cappuccino ein.

Der ist toll, mit reichlich Sahne,
manchmal auch mit einem Kuss.
Ein Stück Kuchen, ja, ich ahne,
macht noch größer den Genuss!

Im Café hinter der Hecke
gibt´s Rezepte ohne Zahl.
An dem Stammtisch in der Ecke
hab' ich stets die Qual der Wahl!

Mit Kakao? Mit Amaretto?
Mir sagt es mein Bauchgefühl:
Mit ´nem großen Eis in petto
hält Kaffee das Köpfchen kühl!

Ist die Tasse denn schon leer?
Nicht zu fassen! Kann nicht sein!
Bring noch mal ´nen Becher her!
Kaffee ist wie Sonnenschein!

Leibgericht

Wenn dieser ganz spezielle Duft
sich wabernd zieht durch Küchenluft,
läuft Wasser mir im Mund zusammen.
Deshalb darfst du mich nicht verdammen.

Kartoffeln reibe ich von Hand,
so geht's, mit Liebe und Verstand.
Gequirlt mit Zwiebeln, Salz und Ei,
auch etwas Pfeffer ist dabei.

´Ne Kelle Teig kommt aus der Wanne
ins heiße Fett, in meine Pfanne.
Goldbraun gebacken und leicht kross
ich das Gericht schon oft genoss.

Das musst du wirklich mal versuchen,
ein Scheibchen Lachs auf Reibekuchen,
getoppt mit Sahne - Preisselbeer,
ja, den Geschmack den mag ich sehr!

Auch Apfelkraut und Apfelmus
sind auf den Küchlein ein Genuss,
'ne Tasse Kaffee noch dazu,
mampf ich sie weg. Das geht im Nu.

Ganz sicher gibt es im Advent
bei mir sehr leck're Reibekuchen.
Dann muss 'ne Freundin, die mich kennt,
gar nicht den Weihnachtsstand besuchen!

Bei mir kommt nämlich wirklich frisch
nur beste Zutat auf den Tisch.
Stets eingekauft am Bio-Wagen,
schont das den Gaumen und den Magen!

Vorfreude ist die schönste Freude

Titzi-tatzi, putzi-patzi.
Sieh dir dieses Schweinchen an!
Mirzi-marzi, purzi-parzi,
glaub', es ist aus Marzipan.

In Konditors feiner Theke
sonnt es sich in seiner Pracht.
In der kleinen Zuckerwerkstatt
hat er's rosarot gemacht.

Rosarot und dick und rund
strahlt es mich ganz heiter an.
Wäss'rig wird's in meinem Mund,
dass ich's kaum aushalten kann.

Schnell nach Hause,
Sparschwein schlachten!
Kann ich mir das denn erlauben?
Ich soll doch aufs Bargeld achten,
ach - egal - es muss dran glauben!

Hammer her! Und eins, zwei, drei,
schon ist Sparschweinchen entzwei!
Beim Konditor, welch ein Glück,
kauf' ich mir das gute Stück.

In der Wohnung, welch Pläsierchen,
steht nun lockend auf dem Schrank
dieses süße kleine Tierchen.
Ich kann warten und bleib' schlank.

Denn ich habe mir versprochen:
Erst an Silvester bist du dran!
Habe schon Gebäck gerochen.
das bringt mir bald der Weihnachtsmann.

Da steht es nun und strahlt mich an.
Es hat sogar ein Ringelschwänzchen,
mein süßes Schwein aus Marzipan.
Vor Stolz wag' ich ein kleines Tänzchen.

Silvester hab' ich es vergessen.
Vielleicht bring' ich es übers Herz,
das kleine Schätzchen aufzuessen,
im Frühlingsmonat - bald - im März.

Ganz dicht bei kleinen Blumenvasen
hab' ich es in den Schrank geräumt,
Neben den Schoko-Osterhasen,
wo es bestimmt von Ferkeln träumt.

Auch Martinsgans aus Zuckerguss
noch eine Weile warten muss.
Seit Jahren beiß ich da nicht rein.
Ich werd' wohl Vegetarier sein!

Welten der Kunst

Aktmalerei

Ein Maler sprach zu seiner Muse:
„Hast ein Gesicht wie Pampelmuse!"
Zum Schmollen das die Dame fand
und dreht' sich wütend um zur Wand.
Da fiel sein Blick auf ihren Rücken.
er malte ihn voller Entzücken.
Die Malsucht heftig ihn dann packte.
Tja, so entstanden Rücken-Akte!

Meeresgott Neptun

Geschmiedet von des Künstlers Hand
steht Meeresgott vor Haus Neptun,
Im Oberland von Helgoland,
um sich dort endlich auszuruh'n.

Aus grenzenlosen Meerestiefen
kam er heran, als wir noch schliefen.
Auf starken Flossen, triefend nass,
stieg er aufs Oberland. Wie krass!

Matt patiniert, im Sonnen-Glanze,
erstrahlt die lange Dreizack–Lanze.
In seinem unbändigen Charme
hebt er den Hummerscheren-Arm.

Schaut drunter durch, weit in die Ferne,
denn eines hätte er sehr gerne
ganz nah bei sich auf Helgoland -
sein Kind vom Eckernförder Strand:

Das Mareminde-Nixen-Mädchen
aus jenem schönen Ostsee–Städtchen,
wo er sie wochenlang bewachte,
bis er sich auf nach Münster machte -

Neu-Münster, um genau zu sein!
Dort tauchte er ins Zinkbad ein,
denn Rost tät´ seiner Haut sonst weh
Bei Löcher-Fraß durchs Salz der See.

Vom Meister selber aufgestellt
gefällt sie nun dem Rest der Welt,
die große stolze Stahl-Skulptur.
Kowalke - Kunst ist Handwerk pur,
in der auch eine Seele wohnt,
für die sich Müh' und Arbeit lohnt!

Meine Mütze

Die blütenweiße Pudelmütze
fiel in die rote Grütze-Pfütze.

Der Stoff bekam ´nen dicken Fleck.
Der bleibt jetzt drin, geht nie mehr weg.

Bleibt nun mein Kopf im Winter kalt?
Ich denke mir, so ist es halt:

Der rote Fleck ist Zufalls-Kunst!
Die findet meine ganze Gunst.

Ich bleibe meiner Mütze treu,
die Leichtigkeit des Seins, die ist mir neu!

Mareminde

Geschaffen von des Künstlers Hand,
So steht sie dort am Ostseestrand:
Mareminde, Mareminde.

Aus entfernten Wassertiefen
taucht' sie auf, als wir noch schliefen.
Kräftig schlagend mit den Flossen
kam sie aus dem Meer geschossen,
Nach langem Leid am Meeresgrund,
gefangen wie ein Kettenhund.
In Trauer, tristem Einerlei,
ließ Vater Meeresgott sie frei,
damit er nicht alleine bliebe,
ganz ohne seiner Tochter Liebe.
Mareminde, Mareminde

Stolz erstrahlt sie voller Wonne,
silbern glänzend in der Sonne!

Ob sie wohl die Freiheit fand
am Eckernförder Urlaubsstrand?
Oh nein, trotz ihrer Liebe Kraft
das Schicksal weiter Sehnsucht schafft.
Denn wie von Zauberhand gefangen
kann niemals sie an Land gelangen,
weil, wie ihr wohl alle wisst,
sie doch ein Nixen-Mädchen ist!
Mareminde, Mareminde

Drum merke es dir ganz genau:
Lieb' nie nicht keine Meerjungfrau!

Negativer Pointillismus

Wer bohrt tausend kleine Löcher
ohne Ende noch und nöcher?

Das ist Markus Feuerstack,
fognin, malt ganz ohne Lack.

Wie ein Wurm in hartem Holz,
darauf ist er richtig stolz,

bohrt er surrend immer weiter,
denn das Bohren stimmt ihn heiter.

Er bohrt Löcher wie ein Wilder.
So entstehen viele Bilder.

Sind dann genügend Löcher drin,
trägt er das Brett zur Presse hin.

Eingefärbt mit dunklen Farben
kommt es auf den Walzenwagen.

Und im Nu gibt es, ruck zuck,
einen schönen Farb-Hochdruck.

Auf ´nem Bogenblatt Papier,
blütenweiß, das sag ich dir,

grinst mich an ein Punkt-Gesicht,
Und ich denk´, das gibt´s ja nicht:

Negativen Pointillismus
hat der fognin da erfunden,

diesen coolen Pünktchen-Rhythmus
Muss ich ganz genau erkunden!

Helle Fläche, weiß ich noch,
bewirkt beim Drucken Loch an Loch.

Holz bleibt steh'n für Schwarz und Grau,
so geht's beim Hochdruck, das ist schlau!

Das Bohren macht dem fognin Spaß.
Sein Zahnarzt sagt: „Ich kenne das!"

Doch leider sind die Bohrer heuer
dem Künstler fognin viel zu teuer.

Drum gehe, wer ihn fördern möchte,
zum Zahnarzt bald in uns'rer Stadt

Und frage ihn ganz unverhohlen,
ob er nicht alte Bohrer hat.

Die bringt dem fognin dann geschwind,
damit sie ihm von Nutzen sind.

Dann kann die Kunst sich frei entfalten
in hunderten von Kopfgestalten.

Wer's großformatig lieber hat,
der kauft ihm ab ein Götter-Blatt.

Aus Mythen voller Leid und Qualen
antike Helden stolz erstrahlen,

Auf Bütten oder Packpapier,
echt wie lebendig, glaube mir,

So hängen Bilder an der Wand,
wie in dem alten Griechenland:

Poseidon und noch andre Nackte,
voll cool gedruckte fognin-Akte.

In seinen Erzählungen berichtet Kowalke in einem Kaleidoskop ausgewählter wahrer Begebenheiten über seinen außergewöhnlichen Lebensweg.Er führt uns mit entwaffnender Offenheit in seine Kinderzeit, in die Jahre als jugendlicher Ausreißer, Sympathisant der RAF, Heimkind und „Knastbruder".

Eckhard Kowalke schildert die Begegnungen mit Menschen, die ihm halfen, freischaffender Künstler und zweimaliger Bundeskunstpreisträger zu werden. Ein Weg vom drangsalierten Kind zum geachteten Kollegen, Mitbürger, Familienvater und bedeutender Künstler.

Spannend – lustig – schonungslos authentisch und mitreißend!

ISBN 9783752847437
www.art-kowalke.com
Preis: 11,90€

Phantasie an Fäden

lädt ein in eine Welt zum Entdecken und Staunen, in die internationale Welt des Figuren-Theaters aus vielen Kulturen, mit Museum, Atelier und Werkstatt!

Wir zeigen Historisches und Zeitgenössisches von Kasper und Co, d.h. Fingerpuppen, Handpuppen, Stabfiguren, Marotten, Schattenspiel, Marionetten Bauchredner-Puppen ...

Atelierhaus, Carlshöhe 60,
24340 Eckernförde
geöffnet: Mo und Mi, 14 – 18.00 Uhr

andere Termine nach Absprache unter
0157 3208 1386

Eintritt frei. Wir freuen uns über Zuwendungen zum Erhalt der Sammlung und des Museums!

Mehr Infos:
www.nakuev.de/verein/figurenmuseum

Gedichte

- Lachen, Staunen, Träumen

erdacht und geträumt von

Allroundkünstler Ralph Rahier

Erik Bauer

40
Ausmalbilder

2022